EINSAMKEIT

Wladimir Dias

EINSAMKEIT

By Wladimir Moreira Dias

Universo Inteligente

Ansiedade zero

Templo da Malícia

Vencendo o Mundo

Coração Partido

Sonhos y Conquistas

Pulsação - Uma Viagem Rumo ao Desconhecido

O Manuscrito secreto do Rei Salomão

O Khan - A elite dos guerreiros

Alquimia das Emoções

Ritual da maturidade

Pulsação e o Manuscrito secreto do Rei Salomão

Pulsação - Uma questão de sintonia

Intelligent Universe — What is the ultimate fate?

A era da solidão

Pulse - Un viaje Hacia lo desconocido

Páginas em branco

Napoleon — The fish

EINSAMKEIT

"Wer kann die Zufriedenheit in
finden Einsamkeit? ".

"Dieses Buch ist eine besondere Person
gewidmet ist."

Ich danke der Zusammenarbeit und das Vertrauen all derer, die mich dieses Projekt Wirklichkeit werden zu lassen geholfen.

Anmerkung des Autors

Die Natur hat uns eine besondere Gabe, die uns auf unserer Reise durch das Leben, zu vergessen.

Dies ist eine fantastische Fähigkeit hilft uns zu vergessen eine Menge, was falsch in unserem Leben ging ... Unser Schmerz ... Unsere Tränen...

Es ist, weil das Leben ist Kunst Restaurierung und ist für die Bereitstellung von anderen Erinnerungen, andere Gedanken verantwortlich ...

Heute sind wir mit einem bösen Jahrhunderts in jedem von uns konfrontiert.

Irgendwie deckt einige der sehr Tentakeln.

Manche sagen, eine Menge, aber schweigt über intime Aspekte ihres Lebens.

Einsamkeit in kleinen Dosen stimuliert Denken, sondern radikale Einsamkeit fördert Depressionen. Wir können lernen, zu sprechen und durch die Kunst zu tragen.

Es wird immer ein ruhiges Gespräch zwischen den Schauspielern auf der Bühne und ein Mann in einem dunklen Flur, zwischen dem Besucher und der Künstler in seinem Atelier, der unbekannte Schriftsteller und Leser...

Ah! Bücher... es gibt keinen Zweifel daran, dass die meisten nachdenklich und anarchisch, meiner Meinung nach. Ich las es mir und Ihr Schweigen wird gewinnen. Viel Spaß beim Lesen!

"Bildung für das Leben sollte die Lehren aus
der Einsamkeit."

Kloster

Ich war ein bisschen in sich gekehrt und ich in der Ferne, sich wiederholenden Lärm Horn gehört.

Also Ich glaube, ich könnte wir davon ausgehen, dass in der Tat, kann nicht jemand anderes zu sein, weil es ein Zeichen von Joseph, einem jungen Manager und Bruder Johann war.

Auf einem vor einigen Jahren entschloss er sich,wissen der Lehre Ursprung einiger Mönche Aktivitäten zur Meditation.

Während seine Fortschritte, hat mir immer gesagt, dass diese Praxis war der einzige Vorteil ist ohne Zweifel eine der wirksamsten Methoden bei der Suche nach unserer inneren Balance, und wenn regelmäßig geübt kann als eine mächtige Waffe gegen unsere emotionale Instabilität.

Meiner Meinung nach, obwohl es immer noch ein wenig nervös, habe ich fast als Experte in Fragen der Meditation verwandt, weil es wirklich hat mir gezeigt, wie viel von einem Produkt und über diese Methoden der Immersion wissen.

In dieser Position wird er überzeugend sagen

- in diesen Momenten der mein Wunsch, zu verbessern, Gott sei Dank, ich fing an, weniger über alle meine emotionale Schwankungen so denken.   Was kann ich für sie tun?

- Fragen Sie sich und legen Sie Ihre rechte Hand auf dein Herz.

- Ich denke, es ist nur eine Frage der Positionierung, auch eine Art des Erlebens einige der Dinge, die ich jetzt besser über sie zu verstehen, im Vergleich mit einem einfachen geistigen Zustand des Übergangs in meinem Leben.

Danach wurde Joseph für einige Sekunden niedergeschlagen und sagte dann - ich glaube, es ist schwer für uns alle, um inneren Frieden zu suchen und um ehrlich zu sein, manchmal haben wir wirklich brauchen professionelle Hilfe, um uns in dieser Eroberung zu führen - ist abgeschlossen. Joseph war ein impulsiver Persönlichkeit und in dieser Linie plötzlich beschlossen, zu fragen, über die drei schwierigsten Dinge im Leben.   Ich bin durch seine Frage ein wenig überrascht, als ich sage, dass ich keine Ahnung hatte.

Dann sagte er mit Sorriso:

- Sei ruhig, nehmen Sie sich Zeit und wirklich Ihren Traumpartner finden.

- Hm!   Ich glaube, ich stimme mit Ihnen überein - antwortete ich.

Nach einer kurzen Pause, Joseph setzte seine Reflexionen.

- Wissen Sie, von Anfang an, was mich dazu veranlasst, sich an der Tagung im Kloster stattfinden sollte, um mir zu zeigen, einige der Innovationen, die ich interessant fand, im Vergleich zu traditionellen Meditation, die zweifellos eine direkte Folge des starken Einflusses, dass der Kartäuser und die bekann im Westen bekannt.

Als Ergebnis wurde beschlossen, auf der Grundlage meiner eigenen Erfahrung zuzuordnen, mit einem starken Einfluss von Angst auf unsere emotionale Balance.

Es war Joseph zeugend oder bereitgestellt viele Argumente.

Johann, war es in der Nähe, und in Übereinstimmung mit den Aussagen seines Bruders, der uns sagt, dass in der Tat, in all der Forschung auf die menschliche Psyche unter Berücksichtigung einige, die in den Workshops teilgenommen haben, wird der Alarm immer als Basis vorgestellt für unsere emotionale Krankheit, und mehr...

- Es ist nicht in jeder Phase des Lebens oder eine bestimmte Gruppe von Menschen wegen ihres Potenzials, wenn sie vermitteln alle menschlichen Situationen, arbeiten direkt im Zentrum unserer Emotionen beschränkt, von psychischer Beschwerden, zugeordnet die unserer fehlt Objektivität

In diesem Moment erkannte ich, dass Johann war ein wenig besorgt über und ging auf ihre Erfahrungen zu erklären, und Joseph wird nur zugehört.

Besonders gefällt mir eine Menge von diesen Fragen, die auf menschliche Emotionen und Vergnügen konzentrieren.

Joseph Gleichen auch, wie Informationen floss sehr gut von Johann demonstriert.

Plötzlich in diesem Augenblick begann die schwere regen auf dem Hof fallen und Johann unterbrochen unseres Gesprächs sich um verschiedene Aufgaben ausgeführt geschieht.

Ich ging weiter und Joseph vom Balkon des Palastes, und er redete mit mir, weil er wollte noch mehr über Meditation erklären, auf der Insel entwickelt.

Doch wegen schwerer Stürme, die an dem Ort, wo wir waren auf der Veranda der Ankunft begann, beschlossen wir, unser Gespräch im Raum fortsetzen.

Sobald ich das Hotel betrat, bemerkte ich, dass der Tisch in der Ecke des Raumes stand eine Flasche mit ein paar Tropfen Schnaps von Johann produziert, und ich nahm es unverzüglich mir den Rest von Likör mit Minze gewürzt, zu dienen.

Besonders gut gefällt mir, dass viele dieser Fragen, die sich auf menschliche Emotionen und Joseph konzentrieren äußerte auch die Zufriedenheit mit der Art und Weise, in der Informationen aus floss Johann.

Nach nahm einen Schluck, es ist klar, dass Joseph, der mir versicherte, dass ich nie erreichen die höchste Stufe, obwohl eine ausgezeichnete Meditationstechnik als einen Zustand der "Erleuchtung" bekannt, aber auf jeden Fall glaube ich, dass, auch wenn in der Praxis die mehr oberflächlichen Ebene kann dazu beitragen oder helfen bei der Suche nach emotionaler Stabilität.

- Weißt du, Joseph, ich denke, dass unsere moderne Lebensweise zeigt große Komplexität, wenn man Glück, denn es ist bereits, dass aus mehreren Plänen, die in der Regel auch in einer Vielzahl von Hindernissen an unsere gute Sozialisation durchgeführt werden, um unabhängig vom Kontext sein.

Also ich bin immer auf der Suche, einen offenen Geist zu halten, versuchen, neue Techniken zu erlernen, um Ihnen die beste Balance zu erreichen, tun ihren produktivsten und glückliches Leben.

Focusing ein wenig mehr über die menschlichen Beziehungen, zum Beispiel bei der Arbeit, im Einklang mit der Erfahrung im Laufe der Jahre gewonnen, ich denke, sollte es erforderlich sein, eine Person, eine erfolgreiche Karriere, nicht nur technische Kenntnisse oder Ausrüstung zur Verfügung zu bauen, aber es ist äußerst wichtig (sehr schwer) ist dieser Erfolg die Qualität der Menschen, die wir trafen, das heißt, der zukünftige Erfolg, natürlich, ist nicht nur ein Produkt von solchen Fähigkeiten, die er hatte, und vor allem, wie sie in Bezug auf Menschen, die in der einen oder anderen Teil Mal in seiner Karriere sind positioniert sind, Rentner oder verlangsamen Ihren Weg.

Wenn ein Mann diese Fähigkeit im Umgang mit Menschen, die Gesellschaft zu entwickeln, sinkt auch die Fähigkeit, emotionale Schwankungen haben.

Auf der anderen Seite, wenn Sie diese Option nicht haben, werden Ihre Probleme zu multiplizieren, was schließlich zu sozialer Ausgrenzung und Nep rijateljstva führenden; Der Druck wird viel höher sein, untergräbt das Mindestguthaben für die konstruktive Entwicklung und spirituelle Erfüllung so notwendig.

Meiner Meinung nach, ist dies, weil der Hauptzweck unseres Lebens ist untrennbar mit dem Begriff der menschlichen Beziehungen verbunden, und je mehr er erkennt, dass es sich um die Essenz der Vision wird klarer externen Wohlstand, was zu einer sinnvollen und lohnenden gesellschaftlichen Lebens.

Nach meinen Gedanken, plötzlich habe ich beschlossen, wieder in das Kloster zu gehen, als Joseph sagte, weil ich fertig war, fühle ich mich ein wenig in seiner Schuld, wegen seiner Forderung, dass ich weiß, diesen Ort.

Also, am Samstag ging ich mit ihm in diesen meditativen Sitzungen teilzunehmen. Dort angekommen, stellte er mich Mönch ari Jahrhundert ist fast blind. Ich war sehr neugierig und beschloss, zu fragen, warum im frühen neunten Jahrhundert wurde die Klosterinsel entschieden.

Er reagierte schnell und stellt fest, dass zu dieser Zeit, diese Mönche versuchten, das Evangelium in der vollkommenste Form zu leben.

Aufgrund der Wahl dieses Lebensstils, sie als getauft wurden "Asyl-Weg der christlichen Vollkommenheit."

Einer der Mönche, genannt Gracians wirklich leidenschaftlich über Christus, nicht immer mit Begeisterung für die Leistung der christlichen Vollkommenheit begrüßt, und um dieses Ideal zu erreichen, verzichtete auf die Welt und ihre Leidenschaften und in der Studie von anderen Ländern eingetaucht, aber ich fand diese fantastische Insel isoliert im Atlantik, wo er mit seinen Kommilitonen Einsiedler, die die gleichen Ideale wie ihm geteilt abgewickelt.

Natürlich nur Zeit und Zeuge der beste Spieler in diesem schönen Weg des Lebens begann mit den Mönchen, von Gratian führte, am Ende des neunten Jahrhunderts.

Natürlich, in der Film-Ära, wurde jedes Detail des täglichen Lebens eines Mönchs eingefangen, als ob sie Teil eines dreidimensionalen Film, der ein Beispiel aus dem Alltag zeigt waren; und, natürlich, schriftlicher Ausdruck auf ihren Gesichtern, auch, gehört zu den Schritten in den großen Hallen des Klosters, die für sie gebaut wurde, mit schweren und sperrigen nachgewiesen Bindung dieses Befehls zu bestimmen.

Auf diesen Seiten, heute, Menschen finden den genauen Weg, wie man eine starke, fröhliche Stimmung und Mut zu kultivieren. Hier glauben wir, dass die Menschheit braucht viel Meditation, bedrohlich zu erliegen technischen Fortschritt ohne Moral und ohne Gott. - Junge, immer im Hinterkopf behalten, dass die Freiheit des Raumes, dass das Glück gesucht. Ok, mit einem kurzen Nicken.

Dann erzählte ich ihm, dass ich wirklich zu schätzen alle Informationen, und dann, trotz genießen, die ganze Umgebung, nicht ich beschlossen, in einer der Sitzungen, die in verschiedenen Räumen des Klosters abgehalten wurden zu beteiligen, ging einfach durch die Hallen, auf das Verständnis der verschiedenen Schritte konzentrierte sich nur in den Prozess der Meditation sollten immer so viele Leute, die jede dauerte mehrere Stunden, immer unter der Aufsicht der Mönche sein.

Als ich sah, dass sie einige Änderungen in ihren Methoden zeigen, ich verstehe die Dynamik und Richtung ihrer kontemplativen Lebens.

Ich denke, sie durch eine größere Geheimnis, das immer noch nicht verstehen irregeführt wurden.

In einem der Räume des Klosters, sah ich eine kleine Box mit dem folgenden Satz: "Das ist die Welt." Der Herr sagt uns, dass das Wort "Geschichte einer vergangenen, auf meinem Smartphone bemerkte ich.

Heute bin ich hier schreibe, ich bin sicher, ich werde nie vergessen, die Zeugnis von der Empfindlichkeit des Klosters, die in Kraft in der Nacht in seiner "einsamen Klang" der Klang der regen erschien verbreiten, knisterte das Holz Gewächshaus, die Details der Frucht in der Pfanne, das Wasserglas auf dem Tisch, in den Pool Mann taumelte und Schneeräumung in einem seiner Eingänge.

Korridor, in einem der am stärksten isolierten, Zimmer könnten die Mönche singen leise, eine Art sehr ähnlich zu den alten Gregory Songs hören.

Ich habe gelernt, dass die drei Slogans, die in das Leben der Mönche bewegt haben waren extreme Stille, Einsamkeit und Einfachheit, für Momente der Gesang Ausnahme. Zu meiner Rechten befindet sich der Eingang zur Kapelle im Inneren des Klosters, und ich beschloss, zu beten und zu erhöhen ein wenig von meiner Seele.

In dieser Nacht, am Ende der Sitzung wird natürlich nicht zu vergessen die Rhythmus-Töne und schön diese Töne.

Aber was mich am meisten beeindruckt an diesem Ort wird, dass nichts schnell und Rhythmus geschehen, mit dem Schweigen schien eine Lektion zu verbringen   weil ich an diesem Punkt wusste offensichtlich, hat die Absicht, diesem Rahmen nicht nur die Gerüchte zum Schweigen zu bringen, vor allem über die Methodik, um in dem Bemühen, sich eine Gruppe von Menschen, die teilgenommen verwendet werden.

Der Zweck dieser Mönche war es, die Wahrnehmung dieser Menschen für kleine Signale, die Details des Lebens zu verbessern, fast immer Flucht aus denen, die unter der Herrschaft der Rasse und dem Streben nach Erfolg zu leben.

In der Tat, in dieser Zeit blieb ich in einem Kloster könnte viele detailreiche Arbeit der Priester in der Küche zu verbringen, auf dem Deck, der Rhythmus ihrer stillen Kräfte sammeln für das Gebet, die Szene von Mönchen die Katze füttern, Freude und Dankbarkeit in den Akt der Abstieg in den Schnee.

Nicht zu vergessen natürlich Bilder der Natur in dieser Region, wie wenn große Bäume tanzen im Rhythmus des Windes und die schönen Himmel, der alles bedeckt scheint zu versuchen, um die Landschaft zu schützen.

Spät am Abend haben wir auf den Hof und im Auto zurückkehrte, dachte ich, ich würde diese Tour zu tun, weil es alle meine Erwartungen übertroffen hat und.   Sagte Joseph und schaffen Frieden in Ihrem Leben ist sehr wichtig, vor allem für Stadtbewohner wie mich, weil die moderne Urbanisierung, Ausbau im Ausland und zunehmende Mechanisierung erhöht die Komplexität und verringert die Habsucht unseres Lebens, und folgerte:

- Nur wenn wir ruhig sind, sind wir in der Lage, Dinge zu sehen, wie sie sind.

Ich glaube wirklich, dass wir nur so ruhig kann die Wahrheit der Dinge zu reflektieren, was zeigt, reine kreative Potenzial, das nur in einer friedlichen und harmonischen Geistes zum Ausdruck kommt.

Meiner Meinung nach, während der Zustand des Geistes ist ein Teil unseres Lebens, die ständig in unseren Gedanken strukturiert sein muss, denn wenn vernachlässigt fast wilden geworden, was uns verlieren die Gutmütigkeit und fördern Chaos in unserem Leben.

Joseph erzählte mir dann, dass er gerade gelesen ein ausgezeichnetes Buch von einem indischen Schlamm, die viele Worte der Weisheit angeboten geschrieben, aber es wäre sicherlich eine Menge zu mir geholfen haben.

In diesem Buch, betont dieses Thema Frieden und fragt:

- Was ist Frieden? Es wird der Beginn einer glorreichen Tag, die Sonne scheint durch die Blätter, die manchmal die Stille mit dem Klang der Vögel unterbricht, die aufwachen in der Mitte der ahnungslose Duft von Gras?

Ist das gewünschte Ruhe?

Er antwortete.

Ich dachte einen Moment nach und sagte:

- Aufrichtig, Joseph, ich bin manchmal skeptisch, ob es Frieden in unserer Seele, in diesem sehr schwer zu erreichen.

- Joseph erzählte mir:

- Dieses Buch spricht von ihm als gut und erklärt, dass, wie es die Natur nicht sprung machen, verändert unsere meisten tief verwurzelten Gewohnheiten auch auftreten langsam stirbt und wird weitere Arbeit Umerziehung.

Wir müssen anfangen, Geduld und Ruhe des Geistes in unserem täglichen Leben zu entwickeln, aber das Verfahren ist nicht die Installation und wird stärker.

Jeder Mensch ist ein ruhiger, wenn nicht stören Sie sich über die Details des täglichen Lebens, um die Auswirkungen auf das Ich zu mildern, und schließlich ein echter Friede in ihm gegründet, die als Blase, das Sie vor dem Chaos des modernen Lebens wirkt.

- Eigentlich, Joseph, ich glaube, Sie sollten immer schützen Sie sich vor der aktuellen Arbeit des zeitgenössischen Lebens, bei unserer Suche nach der Ungleichgewichte, die unnötige und exzessive Unterhaltung führen in unsere Emotionen und verletzt beide von uns.

Joseph, ich denke, wir sind alle in irgendeiner Weise versuchen wir, eine schlanke Geist gewinnen, aber dass dieser Erfolg von der Fähigkeit und Bereitschaft aller in diesem Leben abhängen.

Prolog

Einsamkeit ist die Kunst der Begegnung existentielles Vakuum.

Dieses Vakuum hat eine doppelte Bedeutung.

Einer von ihnen ist die Existenz metaphysische Bedeutung; der zweite ist der Mangel an Verlust von etwas wichtig.

Freiheit ist ein einsamer Entdeckung, die erklärt, warum viele versuchen zu vermeiden.

Einsamkeit ist ein Gefühl, die Angst erzeugt, und das bringt uns an der Tür der inneren Welt, wo der Schlüssel ist das Gefühl in der Welt, warum sind alle Fragen, die wir stellen, und wir die Antworten nicht finden, aber es kann auch eine Erfahrung der Transzendenz sein.

Alles im Leben ist ein Prozess des Lernens Ebenen, jeweils von innen nach außen. Wir müssen den Mut haben, von ihr durch lernen, nicht nur entlassen, es haben. Ablehnen unserer Einsamkeit und Ablehnung unserer Unzulänglichkeiten, unserer menschlichen Leidens.
Einige Leute werden etwas nicht über die Einsamkeit zu sprechen, über den Zustand des menschlichen Leidens zu tun.

Darüber hinaus ist es einfach ein Versuch, den Kontakt mit der Wirklichkeit zu vermeiden.

Individuell, unsere wahren Unterschied der Umgang mit Einsamkeit eingestellt, definieren unseren Sinn für Freiheit und aufzugeben, dass kommt von, je nachdem, wie wir interpretieren und bewusst oder unbewusst, unsere percepcije über den Ursprung unserer Existenz.

Der Mensch wird real, wenn die Einsamkeit wird als Preis für ihre Freiheit akzeptiert. Und es relevant wird bei der Interpretation Einsamkeit Ausfall, als eine Art Verachtung Gottes und seines Lebens.

In diesem Fall ist die offene Hand seiner eigenen Existenz, zu einem Fremden zu sich selbst, anderen zu dienen und Verdünnung unpersönlich und Beständigkeit im Leben, als Nebenfigur in seiner Geschichte.

"Being real ist, was ist für Ihr Leben, der Hauptakteur, der Besitzer, der Architekt seines lebendig Meister verantwortlich.

Wenn Sie gute emotionale Beziehungen haben, ist die Einsamkeit groß und auch zu unseren Gunsten.

Keine Anrufe von jedermann und daher wächst.

Jeder sollte in Ruhe sein, zu Zeiten, zu erstellen internen Dialog und entdecken Sie Ihre persönliche Macht.

In der Einsamkeit, die Harmonie versteht er und Frieden kann nur innerhalb gefunden werden.

Nehmt euch einen Moment die Augen zu schließen, öffnen Sie Ihr Herz und fühlen alles, was aus ihm kommt, in ihrer natürlichen und gesunden Stille.

Schützen Sie sich.

Reflections

Ich bin immer auf ihrem Weg zur Arbeit oder in Brasilien und im Ausland, Routinen, ich will, was ich zu definieren Zeit, Zeit, um sich als der Tanz-Bühne der ausgewählte widmen, und es geht um Liebe, Liebe, Spiel, Arbeit, Geld, Video, Gitarre, Zeichnung, Kaffee , Poesie, Artikel, Bücher, Freunde, Familie, Hausbesuche, mein, ich versuche, sich daran zu gewöhnen.

Als dieser passiert, ist es immer ein bisschen seltsam, und ich denke, das ist so daran gewöhnt, kümmert mich sehr, und fast immer, manchmal, wenn ich jemand um ...

Nur nicht daran gewöhnen, und ich denke, wir tun sollten, und wird in der Einsamkeit verwendet, denn in Wirklichkeit ist es nicht so.

Wir haben bei uns, und wir sind immer guter Gesellschaft, mit uns umzugehen, genießen und leben mit Freude in meinem Herzen, nicht nur überleben, wenn wir vermissen das Gefühl der Gefühle ambivalent selten Redundanz in der Rede, aber es ist das wahre Leben für diejenigen, die alleine lebt, diese Routen auf der ganzen Welt, aber ich weiß nicht, und wenn nicht, mit dem Material Romantik, Dating, Romantik, beide wollen, wenn ich will, zu lieben, vielleicht jetzt weiß ich nicht jemanden zu holen eine Kopie des Schlüssels Sie in einer Tasse dieses berühmten Hypermarkt an der Spitze der Tabelle sind zu haben.

Fragestunde, in Tagen, dass wir uns selbst und uns.

EINSAMKEIT

Auf den steinernen Stufen in den Keller eines ehemaligen Klosters, in der zehnten sizilianischen und langsam stützte sich auf seinen Stock.

Am Ende der Treppe ist ein langer unterirdischer Gang, die die zehnte Tür war und nach ein paar Schritte vor der schweren Holztür halb offen blieb stehen, drehte sich sofort um, einen kleinen Tisch, wo er sich hinsetzte und begann ein paar Notizen über die große Buch, fast so alt wie er ist.

Das Leben ist ein Strudel von Emotionen und unsere Existenz ist ein großes Wunder.

Dies ist unseren kurzen Aufenthalt hier, wir nicht entkommen können unsere Tests, denn der Schmerz ist immer burilando unseren Herzen, während wir leben.

Wer kennt nicht den berühmten Ausspruch Christi "Machen Sie Ihre Beitrag, und ich werde mir zu tun. "

Diese Unterscheidung ist nicht einfach, aber es ist immer eine Chance, zu lernen und unsere Beziehung zu überdenken, denn nur über das Leben beschweren.

Wir sind intelligente Wesen auf diesem Planeten, und wir müssen die alle lösen unseren Fortschritt. Nach der Aufnahme eines Lebens bereue, aber in seiner Gegenwart und das Verständnis der laufenden Transformation, ist dies der einzige Weg, in dem Licht der Erkenntnis ...

Aktion und Reaktion tritt in der alles von Atomen mit dem Universum zu einem bestimmten Zeitpunkt, die die natürliche Bewegung des Lebens ist.

Wenn aus irgendeinem Grund, versuchen, es zu ignorieren, die Dinge zu ändern, auch diese Änderungen, bevor sie bereit sind, natürlich, der Kampf schon verloren ist, sind sie nicht bereit, mit einem System, in dem wir leben, umzugehen, und das bedeutet die sichere Niederlage.

Der alte Mönch war allein in ihrem Zimmer und fuhr fort, mit einem Handschlag zu schreiben...

Wir müssen erkennen, dass das Leben weitergeht, aber für sie, ein Element der Natur ist es, und so müssen wir uns selbst mit unseren Hauptwaffe nehmen. Dies ist unsere kognitiven Fähigkeiten und dass wir einen Unterschied in dem, was vor sich geht, um unser Leben profitieren.

Wir bekommen immer loswerden der Staub von Vorurteilen und sehen die Dinge klarer und ond und sich entwickeln.

Es gibt zwei grundlegende Energie, die die Grundlage dieser Zeit die Lebens, Änderungen und Wartung sind. Beide sind gleich wichtig, und überträgt Änderungen in der Transformation und Entwicklung von Inhalten, und überträgt den Rhythmus der Ewigkeit.

Auf der Suche nach die Dinge wie sie sind, bedeutet nicht, dass wir blind akzeptieren eine Art von Schicksal, wir dürfen nicht Opfer der Umstände, denn es wäre die Platzierung sein.

Und die Medien nahmen es nicht, aber wenn wir erkennen den Wert der echten Binnen Entscheidung befreit dieser Ansatz uns und gibt uns eine Änderung oder nicht in einer bestimmten Situation, in Übereinstimmung mit dem, was das Beste für uns.

Alles verändert sich die ganze Zeit, und es ist eine große Grundwahrheit des Lebens. Wenn wir bereit sind, diese Tatsache zu akzeptieren wird zweifellos leiden viel weniger springen die Waffe, weil es sich ständig verändert sind, verstehen wir, dass diese Dinge sind, was sie sind, oder wie sie handeln, auch, wird vorübergehen.

Für diejenigen, die die Kunst der Herstellung gelernt haben, wissen, dass dies ist ein Kartenspiel namens Leben, es gibt keinen Ort zu Ort, weil man die Hand, die so gut wie möglich war zu spielen, und nichts kann das Licht des Wissens zu verhindern, um uns zu erreichen.

Für in unserer Geschichte, ungewöhnliche Menschen, die meisten der Zeit, in der sie lebten, hing erschien, wies darauf hin, dass alle Dinge ihre Zeit haben, und dieser Fall war keine Ausnahme. Es ist nicht notwendig, um zu kämpfen, einfach weil es nicht genug ist.

Bei der Suche nach Dinge zu akzeptieren, wie sie im Leben sind, ist es viel einfacher zu analysieren, was ist ihre wahre Absicht zu der Zeit, und warum sie sind, was sie sind. Diese Haltung hilft uns, unsere Richtung zu wählen, weil wir mehr Klarheit und somit ein besseres Verständnis für die Situation.

In diesem Zusammenhang sind wir besser in der Lage, festzustellen, ob Sie die Dinge natürlich passieren, oder kämpfen lassen.

Wie bei jeder Regel gibt es immer Ausnahmen, hat die Kunst zu leben auch seine eigene.

Es gibt immer ein Faktor zu berücksichtigen, und was manche Glück oder in der richtigen Stelle zur richtigen Zeit mit der richtigen Person, es gibt einen großen Unterschied im Vergleich zu den möglichen Erfolg in životu.Međutim, es hat auch das Glück seiner Herrschaft, denn nicht jeder ist wie in Dinge in einem klugen, harte Arbeit kann viel helfen.

Wenn wir es vorziehen, diese Momente, die ein paar Mal passiert in unserem Leben, Unterschiede in einigen Köpfen, Augen, emittiert Licht wie die Hölle und irgendwie der Erfahrung der meisten vor der Dunkelheit, kann den Unterschied machen. Sieg.

Ja, es wird mit Hilfe der wichtigsten Fähigkeiten und wird auf jeden Fall eine große Hilfe bei seiner Suche nach einem langersehnten Auftritt sein.

Nun, diese anderen Menschen, die dem Anlass entsprechend zu reagieren, die die überwiegende Mehrheit der Menschen stellen am Ende sich selbst zu verletzen und ihre Zukunft und ihr Glück oft erheblich beeinträchtigen.

Die Lebensgeschichte lehrt uns, dass alles war keine Zeit, die sie verdienen, und viele links, um sie zu genießen.

Einige der anderen standen noch u ijek bessere Tage, sondern weil der Erfolg nicht immer gewinnen, stürzte auf Richter Gesellschaft uns Hintergrund Possen in Übereinstimmung mit unseren Fehlern als unsere Tugenden.

Das menschliche Leben ist ein ständiger Kampf gegen das Übel der menschlichen Einfallsreichtum und oft kämpfen mit Bosheit und List Heuchelei. Dies ist wichtig, wenn die Entwicklung der Intelligenz wollte immer mit Vorsicht in jeder möglichen Double Play zu schützen.

Das Leben ist eine Schule, und für diejenigen, die ihre Lektion gerne bald gelernt, besser zu beurteilen, die wahren Absichten der Menschen um sie herum.

Es gibt eine Menge zu wissen, aber das Leben ist zu kurz, und wenn Sie nicht wissen, glaube ich nicht, gut zu leben.

Also, es ist eine besondere Fähigkeit, eine Menge zu lernen, und sie können nicht die Weisheit, als Mitarbeiter muss mindestens als Partner zu haben, weil der Aufwand und die Fähigkeit, in gemeinsam gehen.

Die Dynamik unseres Lebens, wir schnell feststellen, unserer ausgezeichneten Qualität und verdoppelt seine Verwendung als allgemeine Regel, die Einsicht und den Mut, andere.

Der alte Mönch, sein faltiges Gesicht noch verbirgt sich eine breite Haube, halten Schreiben, trotz der späten Stunde.

Es ist unser Urteil, müssen wir seine Wurzeln zu verstehen, mehr ausgewogen.

Obwohl religiöse, nicht verschmähen Wissenschaft und ich weiß, dass sie denkt, dass die Grundbausteine, aus denen unser Universum auf der Basis eines Teilchens, als "Gott-Teilchen" und in den tiefsten Kern aus Protonen dringen bekannt, eine der Komponenten der Atome und können als Grundlage für alle in Betracht gezogen werden Dinge.

Sie glaubt, dass durch seine möglichen Erscheinungsformen hierfür ist die Schaffung von Materie und Bewegung, Materie und.

Sie glaubt, dass durch seine Veranstaltungen es möglich, Materie und Bewegung, Materie und Energie zu schaffen, war, erlaubt es Ihnen auch, das dritte Element in der Person von Intelligenz interagieren.

Allerdings ist diese Existenz zunächst erforderlich, die Bedingungen für die Entwicklung des Lebens, und das erste, was ich dachte, zu bestimmen, was sonst zu lösen, er ist zweifellos der Erschaffung der Welt.

So können wir verstehen, dass Gott, seinem Wesen nach, ist es sehr einfach und alle seine Aktionen waren nur ein Akt, eine Manifestation von Licht der Wahrheit. Für ein bisschen besser verstehen wir, Gott, müssen wir vor allem wirklich frei zu sein, denn nur dadurch, dass wir unsere kreativen Geist zu entwickeln und feststellen, dass heiliger Ort in uns, wo der göttliche Funke des ewigen Lebens, und wir hoffen, dass Impuls, aber es ist keine leichte Aufgabe, wenigen gelingt.

Nun, wenn wir den Mut haben, in dem der menschliche Zustand, wir müssen lernen, wie man sinnvoll sein, und dann entwickeln unsere Fähigkeit, die Umwelt in der wir leben, aber immer unter Berücksichtigung anzupassen geben, verliert nie seine kühlen, und es gibt keinen Respekt vor sich selbst.

Begannen die ersten Strahlen der Sonne nun auf seiner Kamera baden, mit dem Ausdruck klar, dass die alten Meister nicht verwendet wird, wie er in seinem großen alten Buch geschrieben.

Dann, nach Stunden und links, so dass Ein leichtes Lächeln.

Einige Tagestour von Mönchen aus den Bücher, fand eine alte Schriftrolle und etwas neugierig, methodisch zu lesen, was für ein paar Stunden, zu wissen, dass es ist ein Geheimnis scroll von König Salomo, sich vorstellen, all die verlorene Zeit, Trotz seiner unglaublichen Entdeckung, keine Fanfare erwähnen, nur um auf einer Holzbank in seinem Lieblingsplatz zu sitzen, und nach etwas mehr Zeit für eine detaillierte Analyse, die Suche nach der Echtheit des Dokuments, hatte überraschend nur mit einer Anmeldung, die er in seinem alten Buch zu lesen, Glücklich zurück in eine Routine so viel wie ein einsamer eins nach, seltsam genug, gibt es keine Diskussion, wie ein solches Juwel kam in seinen Besitz.

Ich stellte mir in diesem Moment ist es ein Wunder vom Himmel, und nachdem ich die Sonnenstrahlen aus dem kleinen Fenster kommen, näherte sich dem Tisch und schrieb weiter ...

Nicht alles muss Spekulation. Es besteht Handlungsbedarf Smart einfachste Bewusstseins, aber ich weiß, außergewöhnliche Dinge in der Dunkelheit, nichts von den einfachen Notwendigkeiten des Lebens.

Betrachtung erhabene Dinge lässt keinen gewöhnlichen, aber wenn sie die grundlegenden Dinge verlassen im Leben -, dass alle anderen so scharfsinnig - oder bewundern, oder die als ignorant vulgäre unbedeutend sind.

Deshalb haben die Weisen einige Analysten, nicht genug, um betrogen und verhöhnt werden. Alles, was deine Hand zu tun findet, tun es mit ganzem Herzen. Erfahren Sie, wie praktisch sein: Es kann beunruhigend sein, aber das Leben ist am meisten benötigt.

Was ist ein gutes Wissen, wenn es nicht praktisch? Wer ist weise, eifrig zu lernen, aber Narren mit ihrer Unwissenheit zufrieden sind.

Wenn Weisheit tritt in dein Herz, und Wissen ist angenehm, deine Seele wird Diskretion bewahren, sondern auch den Verstand zu behalten. Heute ist die wahre Erkenntnis zu wissen, wie man lebt.

Verwechseln Sie nicht den Geschmack der anderen. Schmerz zuzufügen als Freude. Einige versuchen zu gefallen und zu beenden Belästigung, weil sie nicht das Wesen des anderen zu verstehen.

Diese schmeichelhaft zu beleidigen andere. Was wird als die Nachfrage wird. Manchmal sind sie weniger günstig sind als langweilen würde.

Verlieren nützlich, wenn Sie nicht wissen, wie um anderen zu gefallen.

Wenn Sie den Charakter jemand nicht verstehen, kann nicht gefolgt werden.

Dies ist der Grund, warum einige Gedanken tatsächlich Lob sein, wenn beleidigt. Ka Themen Ein weiterer Plan bitte eloquent, und tatsächlich trugen die Seelen der anderen mit Ihrer Eloquenz.

Vertrauen Sie nicht Ihren Ruf ohne Kaution nach dem anderen.

Schäden an zu viel reden, und die Vorteile des Friedens muss gegenseitig sein.

Wenn Ehre beteiligt ist, muss das Abkommen eine ganze Zahl sein, und um sicherzustellen, dass der Ruf einer anderen Person.

Es ist besser, nicht zu verlassen sich auf andere ist es, aber wenn es passiert, ist es eine Kunst, so dass es eine Chance für Umsicht und Vorsicht gibt.   Teilen Sie das Risiko bleibt das gleiche Interesse und das Vertrauen nicht, ein Zeuge gegen euch sein, Wenn eine Axt verpasste den Cut, nicht das Ende, sie werden länger arbeiten müssen.

Es ist ratsam, vor dem Handeln zu planen.   Zu wissen, wie die Einrichtung.

Es gibt nichts, für die einen und für andere einfacher schwieriger.

Einige können nicht geleugnet werden,   Es braucht nicht einen Hebel, um mit ihnen umzugehen.

Andere nicht immer die erste Reaktion in diesem Fall dauert es Geschick.　　Mit allen von ihnen, um rechtzeitig zu handeln.

Überraschen Sie sie, wenn sie glücklich sind, nachdem die Nervenkitzel nicht Geist und Körper.

Prudential verborgenes Wissen, dumm erklärt seine Unwissenheit.

Nichts gehört uns in der Zeit, die einzige Stätte der Personen, die obdachlos sind.

Das Leben ist kostbar, und es ist so schade, um in der edlen Aufgabe zu verbringen.

Überlasten Sie Ethyl oder Beruf, oder Neid.　　Ohne Holz ein Feuer erlischt;　　. ohne Klatsch Fehde endete　Er stürzt auf die Unterdrückung des Lebens und des Geistes.

Einige erstrecken sich diese Regel zu wissen, aber wer weiß, wer dort wohnt.

Beginnen Sie nicht zu leben, wo es enden sollte.　　Es gibt vier geheimnisvolle Dinge, die nicht verstehen können:

Fliegender Adler in den Himmel, eine Schlange kriecht über Felsen, das Boot, das seinen Weg ins Meer findet, und die Liebe zwischen Mann und Frau.

Einige andere wieder, so dass der Ort des Mordes.

Werde der erste Notwendigkeit, und dann, wenn es an der Zeit ist, und Zubehör.

Einige wollen vor dem Kampf zu gewinnen.

Für die Mönche, ist die Einsamkeit eine Wahl, es ist nicht langweilig, es ist ein Medikament.

Es ist in der Einsamkeit, die gefangen genommen hat die über unser Leben gesprochen, ist es nur in der Stille können Sie die Stimme Ihres Herzens zu hören.

Das ist, wenn der Mund geschlossen ist, gibt es niemanden, der Worte und Lächeln zu teilen, sucht sich selbst.

Denken Sie daran, dass die Menschen, die Einsamkeit zu hassen, die verzweifelte Flucht und Kinder laufen Lehren Eltern gegeben.

Einsamkeit ist ein Luxus, kein Verlust.

Über mich wie nichts anderes.

Die besten Ideen sind verpflichtet, in einem leeren Raum in diesen Momenten der introspektiven und verriegelt entstehen.

Bücher entstehen, natürlich, die Welt zu betrachten, aber danach benötigt eine Reihe von Momenten der Reflexion und Einsamkeit.

Denn wir sind, was wir sind, ohne Angst oder Scham.

Wer hat Angst vor dem Alleinsein, Angst vor Repressalien.

Die Angst vor Prüfungen.

Aber wer ohne inneren Kampf wachsen kann?

Sie müssen ihre eigenen Schlachten zu kämpfen, um unsere Strategie ra ta entwickeln.

Weinen, ein Buch lesen, erfinden Theorien über das Universum, erstellen Sie einen Song, berücksichtigen alle Probleme der Geschichte und versuchen, Fakten zu verbinden, singen nostalgische Lieder, öffnen Sie jede Seite eines Buches, und diese Partei versuchen, die Düse erinnern

Solitaire ist ein Geschenk, nicht Schuld!   Im Gespräch mit sich selbst, lachen in den Spiegel und sah an die Decke, die ein Kunstwerk, das Betrachten von Fotos ist.

Hat jemand daran zweifeln, dass dies eine Zeit, in der wir leben?

Hat jemand daran zweifeln, dass die Gehälter, das Denken über das Glück   in dem Buch, in der Ziel   Sprache,   die Musik, die einige Zeit vor dem Spiegel war und was wir heute sind?

Es ist die Begegnung selbst aus.

Und Sie jemanden, der uns besser als wir verstehen wollen?   Soledad hat mehr Vorteile als Sie denken.

Es gibt Dinge, die uns verbinden, um die Haut und wird uns nie verlassen.

Sie sind einige der Bilder, Geräusche, Gerüche.

Manchmal sind es kleine Gesten, Fragen, die uns zu, hört unser Gespräch.

Heute erinnerte mich an das Frühstück.

Ich weiß nicht, warum oder was mich dazu aufgefordert werden.

Doch plötzlich, bam.   Und sie sah mich in einem Traum.

Wir sagen nie, weiß nicht seinen Namen, und manchmal sogar Zweifel, bis es war.   Wenn diese Frage anzugreifen offenen Ihren Geldbeutel und in dem Fach, wo ich halten das Papier in einer alten Truhe versuchen ihre Pläne, und manchmal ist es notwendig.   Und es , um,. lächelte mich an   ich bin froh, dass es, ich habe ein komisches Gefühl, wie in einigen anderen Situationen, in denen ich spürte mehr depressiv, traurig oder mit Problemen und Unsicherheiten belastet, treten Sie ein Akt des Gefühls, packen es und berühren Sie es mir Ich bin fast sofortige Befreiung von diesen Krankheiten.

Jetzt halte ich ein paar Jahre, ich bin nicht sicher, wie, spielt keine Rolle.

Es war Sonntag.   Ich ging in die Kirche, es ist ausgebucht.

Sie ist hübsch, um alle dolled, sanfter Hintergrundmusik die Ankunft meiner Kolleginnen und Mönche zu antizipieren.

Es war Sonntag, aber er war kein typischer Sonntag.

Es war Ostern.

Rundum war es ein Fest und Freude.

Die Prozession verlassen bald.

Frühe Vogel fängt den Raketen vereinbart, dass die bewaffneten Männer mit großem Glauben bald zum Friedhof geleitet, die Vorbereitung in die Kehle, ohne Seele zu singen und schreien, Halleluja, Halleluja.

Ich war in einem traditionellen Stil.
Mit der Zeit sehen, hören und schätzen die Freude dieses Tages ist eine Population.

Vor Beginn der Messe in der Kirche war voll.   spillway.

Als die Zeremonie begann, lasse ich kaum Platz für jemand anderen.

Das ist, wenn ich sie sah.

Es ist wie die Seite meines Fußes, mit viel Leid und mit der Unterstützung von einem Stock.

Rod Gewicht Alter.

Er trug einen schwarzen Rock, weiße Bluse und schwarze Jacke zu.

Chest Draht mit einer Medaille mit zwei Herzen verflochten.

Unter Herzen Satz:

Ich war für euch geboren.

Das ist, wenn sich unsere Blicke trafen. Er lächelte.

Es breitete sich ein Lächeln auf seinem Ganze wurde in mich gesetzt, so.

Ich h ad nie zuckte und durch meinen Körper, das Gefühl von Reinheit, die zu schweben fühlen schien.

Ich schaute weg, aber sein Lächeln ist immer noch lebendig in mir.

Ich stand auf und gab ihr einen Platz.

Ich stand auf.

Er dankte mir höflich und halten mich, in der Magie dieses Lächeln zu beteiligen.

Er fuhr fort: Masse.

Neben mir vollständig fokussierten beten.

Knees. gesprochen.

An einer Stelle sah ich ihm eine Hand auf seine Brust und eine Medaille zu spielen von ihm gibt.

Er beendete Messe und hören Verwirrung Abreise.

Plötzlich spürte ich meine Hände und greifen etwas Rundes und Metall in ihm gespeichert.

Automatisch geschlossen seine Hand und sah sich um. Es gibt keine Notwendigkeit zu schauen, zu wissen, was es ist.

In der Verwirrung heraus habe ich versucht, ihn zu kontaktieren.

Danke, sagen Sie ihm, er nicht akzeptieren können.

Ich konnte nicht.

Ich habe an der Tür gesehen.

Perry blickte durch die Menge.

Die Leute wollen, ohne zu berühren geben.

Er drehte sich um und lächelte wieder.

Nie mehr nie gesehen.

Manchmal zweifle ich, dass er wirklich existiert.

Manchmal die Augen und sie mit mir, lächelnd.

Andere Zeiten, in der Brieftasche aufbewahrt.

Heute, als ich trinken Kaffee, fühlte ich seine Gegenwart mit mir.

In meinen Träumen, berührte sie sanft seine Hand und sagte:

Gib mir ...

Ich schaute und es war nicht da.

Riesige Sonnen kümmerte sich um mich und die wunderbare Welt mich umhüllt.

Beide Packs.

Sie meine Hand und lächelte.

Das gleiche Lächeln und schöne Kleider für fünf, zehn, fünfzehn, zwanzig Jahren.

Sie nahm seine Hand und ließ die Medaille:

Ich war für euch geboren.

Als Mönch von Beruf, habe ich gelernt, dass ich nicht alleine gehen, aber auf jeden Fall bin ich ein Einzelgänger.

Ich habe auch die Erinnerung an die emotionalsten Momente des Zögerns und trotz seines fortgeschrittenen Alters, ich bin noch jung, natürlich, ist nicht biologisch, sondern auch geistig.

Ich leide oft unter Depressionen unten den Zeitungen, vor allem in der charakteristischen temperament Persönlichkeit.

Ich werde Schwankungen oder Veränderungen in emotionalen seltsamen Geisteszustand.

Manchmal fühle ich mich auf dem Gipfel der Welt.

Ich bin begeistert und spielerisch zu allem bereit.

Ich fühle mich leicht und fröhlich, aber oft die Stimmung der Ausbau sollte das Gegenteil Zustand sein und Depressionen reduzieren.

In diesen Jahren hat das Kloster eine eigene Selbsthilfetechniken, die überwunden helfen diese Momente, inspirierende und leiten Sie Ihre Gedanken entwickelt.

Wenn ich in dieser depressiven Stimmung, oft leiden sehr, um ein Gefühl von Schuld und Minderwertigkeits erstellen.

Für mich hat das Leben seinen Reiz verloren, das Vertrauen zeigt sehr engagiert, bis schließlich beginnt, nihilistische Wunsch füttern.

Das Leben ist die dunkle Nacht, die niemals enden wird, die oft extremen Proportionen, sofern sie, ohne richtige Führung, konnte er nicht oft pathologisch Bildung.

Doch mit der richtigen Beratung, es wäre zweifellos Verzerrung dieser Zustände Ideen, die diese schreckliche emotionale Instabilität, und wir alle irgendwann in unserem Leben gesehen oder in unterschiedlichem Grad fühlte erstellt zu vermeiden, zeigt, dass zu einem gewissen Grad, das ist ganz normal.

Es war zu dieser Zeit, dass unser Verstand wird von entscheidender Bedeutung, um diese Mindest deklariert und innere Balance, die uns ein soziales Leben zu genießen zu erzielen.

Diese Bedingung wird vor allem in diesem Sinne auftreten, bewusst oder unbewusst, die wirklichen Ursachen dieser emotionalen Veränderungen, die ständig ausgesetzt sind, die uns besser vorbereitet für uns, sie wegen der endlosen Kampf und lebenslanges Leben schlagen lässt.

Unser Verstand, der Zeuge des Tages, eine Menge Situationen, die uns beeinflussen positiv oder negativ auf unsere Stimmung, und selbst wenn Sie nicht über diese soziale Unruhen zu verstehen, ist immer aktiv.

Generell unserer Geister sind extrem empfindlich gegenüber allen Arten von äußeren Einflüssen, und oft, warum auch immer, nicht tragen diese große emotionale Gepäck, das wir erhalten haben, so dass alle von dieser Ströme und externen emotionalen Gezeiten unsere Stimmung letztlich nicht bestimmen, erstellt unbewusste psychologische Atmosphäre, in der wir sind nicht mehr Meister ihres Humor, der ein einfaches Produkt der Umwelt, in der wir ausgesetzt sind, das führt oft zu schlechten Stimmungen wird.

Auf der anderen Seite gibt es auch nur in unserem Leben, wenn die Winde zu unseren Gunsten weht, sind die Aussichten hellen, spontane Lebensfreude und den Willen, es zu tragen unzerstörbar. Es kann erkannt werden, "unserer Zeit" kommt mehrmals in unserem lebt und daher macht es Sinn, das Beste daraus zu machen, aber darauf achten, nicht selbstbewusst zu werden, und endet die Schaffung Meinung von sich selbst, und darunter auf der Tatsache, das sicher auch eine starke Zukunft Enttäuschungen zu bekommen ist.

Viele Male, wenn eine Person in ekstatischer Erregung scheinbaren Erfolg, das führt oft zu Übertreibungen, Missbrauch anderer und widerstehen den vielen Interessen, was in der sogenannten sozialen Reflux oder eine starke Reaktion von Leuten, Zaun, eine Atmosphäre der endlosen Bestürzung in der Zeit zurück und engagiert weiter verwischt Ihre geistige Horizonte, einen Beitrag zur möglichst sofortigen Verschlechterung der Depression.

Aber sie besser ausgebildet sind, gibt es keinen Antagonismus noch als zweiter Anruf wird überwunden werden.

Die Lebenskraft durch ihn fließt, wie stark und elastische Feder, die nicht für immer unterdrückt werden kann und reift und wird stärker. Im allgemeinen Fall, unseren emotionalen Zustand bestimmt weitgehend unser Denken.

Obwohl tiefe Trauer kann nur wahrnehmen, eine traurige Tatsache, und so ist die glücklichste Zeit, nur wenn wir verstehen, die Ereignisse, die zu einer Aufbruchstimmung geführt.

Es ist immer ratsam, umsichtig handeln in diesen Stufen erhöhen die emotionale Stimmung.

Das große Geheimnis um weg von Depressionen zu halten, je nachdem, wie Sie die verschiedenen Szenarien, die im Laufe unseres Lebens entstanden sind und wie sie zu verwalten finden, dh die Herstellung von Bedeutung für das Ergebnis dieser endlosen Kampf mit Depressionen, die mehr oder weniger emotionale Balance bedeutet .

Es ist immer wichtig zu berücksichtigen, vor allem in jenen Momenten der Verzweiflung, die nicht beobachtet werden können, dass alles möglich ist und nichts ist wirklich so wichtig, können Sie deshalb Wert im Leben Gelegenheit.

Meditation ist ohne Zweifel eines der effektivsten bei der Suche nach innerer Balance und regelmäßige Praxis kann eine mächtige Waffe gegen die Methoden einer Depression sein. In dem Maße, individuelle Perfektion von Techniken, können Sie beginnen, von der Depression als eine vorübergehende Geisteszustand zu denken, so ist es sehr leicht, Freunde mit ihm zu machen.

E silentemente nutzt Meditation als sie neigen dazu, in eine tiefe Depression fallen schauen in die Meditation, die erforderlich ist, um die Ausbreitung von seinem Inneren zu stoppen Kraft, vor allem durch eine sorgfältige Analyse, die Art der Datenwerte selbst   , erklären die Idee, weil der die Kenntnisse über die Ursachen der Depression können einfach und Schalter zu zerstreuen konzentrieren alle Ihre geistige Energie.

Es hilft, eine Person zu finden und in der Lage, ihre Wurzeln besser zu verstehen, so dass es stabiler und weniger anfällig für externe Veränderungen, die in den Gewohnheiten und sozialen Trends in den Rücken niederschlagen ist, und können oft aus dem Gleichgewicht bringen.

Diese Verringerung erfolgt, wirkt sich das Ausmaß, in dem Sie werden feststellen, dass jede Phase des Lebens eine eigene Bedeutung hat, oder bei einem Umzug in Richtung Reife.

Sie erscheint als die Grundlage aller unserer psychischen Problemen.

Letztlich alle psychischen, neurotischen und psychotischen Störungen durch Angst und andere physikalische Eigenschaften, wie Schlaflosigkeit, Kopfschmerzen, Herzerkrankungen und Blutdruck. Angst ist nicht auf eine bestimmte Phase des Lebens, oder jede Gruppe von Menschen beschränkt, durchdringt ihre Eigenschaften aller menschlichen Zustand und direkt handeln im Zentrum unserer Emotionen.

Es ist nicht mit einem Objekt oder Beziehung ist fast immer in eine seltsame schlecht ausgedrückt zugeordnet, bedeutet dies, seelischen Qualen, die keine Objektivität zu haben scheint.

Weitere spezifische Probleme der Angst Ansatz erfordert eine vorherige Kenntnis der verschiedenen Formen, in denen es in unseren Köpfen, das heißt, zwei Ausdrücke der Angst im Hinterkopf, direkt und indirekt.

Direkte und indirekte Ursachen der Verdrängung tritt als Folge der Repression, was das Wachstum der inneren Spannung im Bewusstsein wider, sondern das Gehirn hat keine positive Kenntnis von dem, was vor sich ging.

Schließlich ist Angst eine unvermeidliche Begleit in der Entwicklung des Lebens und führen uns durch die Kunst des Lebens, verbesserte Verfahren und die Notwendigkeit einer besseren Integration zwischen ihren Fähigkeiten und ständige Wiedergeburt jenes Lebens.

Die Weisheit in den menschlichen Beziehungen ist ein Zeichen einer reifen Persönlichkeit, die Glück im Leben und spirituelle Entwicklung führt.

Es ist wichtig für unser Wohlbefinden und inneres Wachstum. Unser Leben besteht aus mehreren Pläne gemacht, sollte die relative Gleichgewicht zwischen ihnen für eine produktive und glückliches Leben sein.

Zum Beispiel für eine Person, um eine erfolgreiche Karriere, nicht nur das Know-how oder Ausrüstung, die Sie haben zu bauen, aber es wiegt eine Menge für den Erfolg von der Qualität der Menschen, die er kennt, nämlich, dass seine zukünftigen Erfolg natürlich nicht einfach ein Produkt der Menge an Geschick war es sein, und vor allem wie er es geschafft, Freunde mit Menschen, die an einem bestimmten Punkt in ihrer Karriere sind zu machen, die Teilnahme an der Promotion oder zu verlangsamen Ihren Weg.

Entwicklung der Fähigkeiten im Umgang mit Menschen in ihrem Zusammenleben, die Möglichkeit der Schwingung abnimmt sehr emotional.

Auf der anderen Seite, wenn Sie diese Option haben, sind Probleme sicher zu vermehren, was Sie zu einer Entfremdung und soziale Antagonismus führt, wird der Druck viel höher sein, verletzen ihre Mindestguthaben, die für eine konstruktive Entwicklung und spirituelle Erfüllung, so notwendig ist.

Dies liegt daran, das Hauptziel des menschlichen Lebens ist untrennbar mit dem Begriff der menschlichen Beziehungen und verknüpften je mehr man weiß, es ist ein wenig, wird es klarer Blick auf die äußeren Wohlbefinden, was zu einer viel sinnvoller und fruchtbarer Lebensgemeinschaft.

Depression, zusammen mit Schmerzen usw. Probleme des Geistes und kann weg, ohne bis auf das Niveau der Verzweiflung, aber es ist viel tiefer und betrifft das Wesen der menschlichen Existenz.

Es ist eine emotionale Störung, eine Krankheit des Geistes, mehr oder weniger vorübergehend, chronischer Verzweiflung vieler Krankheit der Seele. Alle diese Zustände Ursachen des Leidens überall erlebt, die Schaffung eines natürlichen Instinkt unter allen Lebewesen, so dass immer vermieden werden sollte.

Wenn wir über den Schmerz denken, kommt immer abwertende Bedeutung etwas negative Tatsache. Im Gegenteil, wenn wir denken über all die Veränderungen der Spaß, weil das Ziel aller Normalspannungen, ist es notwendig, das Wesen des Glücks und warum Menschen leiden intensiv, wenn es sich seiner eigenen Grenzen wird angeben.

Aber seine tiefe Leiden in einem Paradox, ist es auch seine größte Freude. Im Akt der seine Grenzen klar erkennen, in dem Sinne, dass sie überwindet alle Grenzen und sehen unbegrenzte Flach wird durch zahlreiche Einschränkungen umgeben.

So Schmerz und Freude kommen zusammen in diesem höchsten Moment der Erleuchtung, die als höchstes Ziel des Lebens, eine Dynamik, die Glück, Schmerz und Vergnügen integriert dargestellt ist.

Moderation. Wenn Leidenschaft und Vernunft, Natur und Geist muss durch eine dynamische Harmonie gefahren werden , ohne die Leitung der Vernunft, ein Leben auf Leidenschaft Autos verloren Dispersion, im Chaos der widerstreitenden Impulse, die im Geist widerspiegeln.

Disziplinarkammer, wenn der Körper braucht, um als Werkzeug bereit sein, für ein tieferes geistliches Leben zu suchen.

Konzentration: ein wichtiger Schritt in der Meditation ist es, Ressourcen in eine Richtung zu mobilisieren, mit Schwerpunkt geistige Energie auf einem bestimmten Ziel.

Introspektion:. Zeitpunkt der Aussetzung, Entspannung Wir verließen den Körper und Geist in Freiheit und beschlossen, nichts zu tun. Acumen Autofokus und unparteiische Beobachtung und bat um Hilfe von der Belastung und Beanspruchung des Alltags, mit der Teilnahme der Entspannung und Selbstentladung.

Beleuchtung: ohne sie, Meditation ist nutzlos verringert, weil die Seele der Meditation, sie wahrgenommen wird.

Widmung: Dies ist die letzte Stufe der Meditation und wird aktiv für den Wohlstand der Region, die die Zeit, als die Wahrnehmung von ihnen sind mit dem Universum integriert ist.

Einige Wanderwege, ist die Empfindlichkeit dominant, es ist, was definiert Ihre Ziele, es ist sehr nachteilig auf Ihre emotionale Stabilität, verhindern eine objektivere Beurteilung der Tatsachen endlich Empfindlichkeit Sklaven.

Füllen Sie Ihr Leben mit, Träume, Traum des Lebens, aber nicht leben.

Sie haben sich zu bewegen auf, aber wenn Sie es verwenden, ist es gut, zu träumen, aber nur als Initiator der Aktion.

Das Paket wird uns Ziele setzen, Ziele im Leben zu helfen, oder Änderungen frustriert uns, enttäuschen uns und Chaos mit unserer sehr emotional, das ist der wichtigste Aspekt der menschlichen Person ist.

Es ist auf der einen Seite, die instinktive Trieb der Natur überzogen, und die andere enthält die edlen Gefühle.

Man kann große intellektuelle Überlegenheit und doch emotional noch ein Kind zu erzielen.

Emotionale Balance und Reife sind notwendige Elemente für die persönliche Entwicklung, aber dafür müssen wir fundiertes Wissen über uns selbst zu erwerben, müssen wir Einschränkungen unserer Triebe, Wünsche und Träume setzen und versuchen, eine effiziente und möglichst organisiert laufen.

Seit ihrer Kindheit ist die Tatsache des Todes die Tatsache, dass es scheint uns, ob wir es wollen oder nicht.

Wir können nicht leben, ihm gleichgültig, weil die ganze Struktur unseres Lebens auf diesem Phänomen beruht. Allerdings versuchen die meisten Menschen, um von diesem Thema weg zu bleiben, so furchtbar gestört, die Schaffung eines emotional überwältigend und ungelöste Mehl einzelnen während des gesamten Lebens, lähmte die Initiative von Seele und Geist, was bewirkt, dass intensive emotionale Schwankungen.

Tod auf dem Verstand arbeitet wie ein schwarzes Fragezeichen, sondern als eine Person entscheidet, dass diese Frage in Ihrem Geist bestimmt das ganze Leben, und daher die Frage, die in erster Linie behandelt werden muss, sollte jeder entdecken, Ideen austauschen und finden Sie Ihre Wahrheit zu diesem Phänomen natürliche und faszinierende Leben.

Diese Harmonie. Wenn die ganze Existenz wird eine, in der in Einklang zu bringen alle scheinbaren Widersprüche. Es gibt kein Glück ohne richtige Selbst-Entwicklung, da es viele widersprüchliche Tendenzen in unserer Natur.

Schmerzhafte falsch, diesen oder jenen Wunsch nehmen auch nie mehr Aufmerksamkeit auf diese oder jene Seite des Lebens auf Kosten aller anderen zu zahlen. Wenn es in erster Linie eine lernende Organisation in unserem Leben, es ist ein Grundprinzip für ein ausgewogenes Leben.

Wir haben noch eine Menge Lust, so scheint es, sich gegenseitig und in unseren Köpfen verflochten widersprechen, unterscheiden sich nicht ,,, primitiven rationalen egoistisch und altruistisch Impulse geben jeder will immer als objektiven Geist der intellektuellen Zusammenarbeit zwischen Natur und Geist eingeführt werden, wenn nicht der Geist der Natur ist blind und gelähmt geistige Natur letztlich im Leben, Glück nur, wenn ausreichende Vertriebsrechte, ein Prinzip, Konzept der Harmonie noch erreicht werden. In diesem großen Abenteuer des Lebens, erwarten einWunder jeden Tag, aber wir vergessen, dass es ein Wunder ist in uns selbst und das Leben selbst.

Wir leben in einem Bad von Empfindungen, von denen ein kleiner Teil unserer Aufmerksamkeit, und wir sind auf die Religion, Kunst und Wissenschaft, einem großen Sinn des Lebens begangen, aber die Erfahrung hat uns gelehrt, dass nicht alle Wege für alle Wanderer.

Dies, weil sie vergessen, in der Morgendämmerung zu helfen und schließlich leben ein langweiliges Dasein, bedeutet es nicht, Erfolg oder Geld, sondern einfach ausgewogen und gut gelebten Lebens.

Unsere Realität ist fast immer weniger dramatisch als die Art, wie wir darüber denken, müssen wir immer darauf achten, Optimist zu erneuern unsere Bemühungen jederzeit an unseren Geist mit gesunden Phantasie zu reinigen, immer versucht, stark zu bleiben und den Geist zu beruhigen, wie in der Haut, alle Probleme psychologische.

Zu der Optimist, ist es wichtig, dass jetzt, in diesem Moment, sind geboren, wachsen reiche und reine Möglichkeit, dass edle Essenz des Lebens fließt mir, Millionen von Menschen auf der ganzen Welt, für die von uns hat das Privileg Flussrechnung erfasst pulsierende Leben, die nur durch den Positivismus manifestiert Deshalb immer positiv, optimistisch, optimistisch, fröhlich, emotional Schwankungen sein, dass mehr und mehr aus deinem Herzen und Leben weg.

Beginnen Sie Ihren Tag immer zeigen "Ich werde einen Tag voller Glück haben," und wir sind zu Ihren Gunsten Realität funktioniert.

Das ultimative Ziel des Lebens ist Harmonie.

Wenn die ganze Existenz wird eine, in der in Einklang zu bringen alle scheinbaren Widersprüche.

Es kann kein Glück ohne richtige Selbst-Entwicklung sein, denn es gibt viele widersprüchliche Tendenzen in unserer Natur.

Schmerzhafte falsch, diesen oder jenen Wunsch nehmen auch nie mehr Aufmerksamkeit auf diese oder jene Seite des Lebens auf Kosten aller anderen zu zahlen.

Wir sollten immer versuchen, in erster Linie intellektuelle Selbstorganisation in unserem Leben, die der Schlüssel, um wirklich ein ausgewogenes Prinzip, fröhlich und schönen Wohnen ist sein.

Wir haben noch viel Lust, scheinbar widersprüchliche und verflochten in unseren Köpfen, auch primitive, rational, egoistisch, altruistisch, einschließlich Hülsenfrüchte und alle sollten gut verwaltet werden, dass das Hauptziel ist immer auf der Suche nach intelligenten Geist der Zusammenarbeit zwischen Natur und Geist, denn ohne geistige Natur blinden Geist der Natur, schließlich, das Leben, das Glück kann nur erreicht werden, wenn das Recht der betreffenden Verteilung, die das Prinzip des Konzepts ist noch Fonds.

Wenn wir zwischen den Zeilen dieses große Abenteuer des Lebens, der Hoffnung, Wunder jeden Tag, aber wir vergessen, dass es ein Wunder, um uns das Leben selbst. Wir leben in einem Bad der Gefühle, in einem kleinen Teil unserer Aufmerksamkeit, und wir sind auf die Religion, Kunst und Wissenschaft, einem großen Sinn des Lebens begangen aber die Erfahrung hat uns gelehrt, dass nicht alle Strecken für alle Fußgänger.

Dies, weil sie vergessen, in der Morgendämmerung zu helfen und schließlich leben ein langweiliges Dasein, bedeutet es nicht, Erfolg oder Geld, sondern einfach ausgewogen und gut gelebten Lebens.

Unsere Realität ist fast immer weniger dramatisch als die Art, wie wir darüber denken, müssen wir immer darauf achten, Optimist zu erneuern unsere Bemühungen jederzeit an unseren Geist mit gesunden Phantasie zu reinigen, immer versucht, stark zu bleiben und den Geist zu beruhigen und schließlich die Haut an allen psychischen Probleme ist es wichtig, dass in diesem Moment, werden geboren, wachsen reich und reiner Zufall, dass mein edler Essenz des Lebens geht, Millionen von Menschen auf der ganzen Welt, weil einer von uns hat das Privileg der Strom verlieren erfasst pulsierende Leben, die nur zeigen durch Positivismus daher immer positiv, optimistisch, optimistisch, fröhlich zu sein, emotionale Schwankungen, die mehr und mehr aus deinem Herzen und Leben weg,

Beginnen Sie Ihren Tag immer zeigen: "Ich werde einen Tag voller Glück sein", und tatsächlich arbeiten zu Ihren Gunsten.

Es ist so toll, die Gnade Gottes und der Menschen zu gewinnen.

Nichts ist so schön wie eine Tugend, nicht so schlimm wie Drogenabhängigkeit.

Tugend ist nicht wahr,   alles andere ist eine Imitation.

Kapazität und Größe wird in Kraft gemessen, kein Glück.

Eine Tugend ist ausreichend für sich selbst.

Die Liebe macht uns an die Lebenden und die Toten.

Die Furcht des Herrn ist der Anfang der Erkenntnis   ; Narren verachten Weisheit und Zucht.

Ficken, wer nicht liebt, bin ich, was ich heute bin und ich bin stolz.

Wenn die Welt geht?
Sie können sehen, dass ich warte mit geballten Fäusten!

Agora tenho EU Uma Coisa Gewissheit, Wie ich Parfüm Alegre Leben Ehrlich Amizade bietet Assim Unterstützung für Weaver.   Wir FL m enovação bieten!

Labyrinthe des Lebens

Was ist der Unterschied zwischen Seele und Geist?

Das Wort "Geist" bezieht sich nur auf den Rand der Immaterialgüterrechte.

. Die Menschheit hat einen Geist, aber wir haben nichts dagegen , aber nach der Schrift nur Gläubige, in denen der Heilige Geist wohnt, sind "geistlich lebendig" (I Korinther 2: 11, 04.12, Jakobus 2:26). Die Ungläubigen "spirituellen tot "(Epheser 2: 1-5; No. 2.13).

In den Schriften des Paulus, ist der "Geist" der zentrale Ort im geistigen Leben eines Gläubigen (I Korinther 2.14; 3: 1,15: 45, Epheser 1: 3; 05.19; Kol 1: 9, 3: 16).

Der Geist im Menschen, die die Möglichkeit gibt, eine intime Beziehung mit Gott haben.

Wann immer das Wort "Geist" wird verwendet, bezieht er sich auf den immateriellen Teil des Menschen, einschließlich seiner Seele.

Das Wort "Seele" bezieht sich nicht nur auf die immateriellen Teil des Menschen, sondern auch das Material des Werkstücks.

Der Mann hat einen Geist und eine Seele.   Im einfachsten Sinne ist das Wort "Seele" bedeutet "Leben".

Allerdings geht die Bibel über "Leben", die in vielen Bereichen stattfindet.   Eine davon ist die Sehnsucht der Menschen nach der Sünde (Lukas 00.26).

Der Mann ist von Natur aus böse, und als Ergebnis, sondern verschmutzt die Seele.

Das Prinzip des Lebens ist zum Zeitpunkt des physischen Todes entfernt (Genesis 35:18, Jeremia 15: 2).

Die "Seele" und "Geist" ist das Zentrum der vielen spirituellen und emotionalen Erfahrungen (Job 30:25; Psalm 43: 5; Jeremia 13,17).

Es wird verwendet, wenn das Wort "Seele" kann auf jede Person beziehen, leben oder nach dem Tod.

Die "Seele" und "Geist" sind ähnlich, wie sie im geistlichen Leben der Gläubigen eingesetzt werden.

Sie unterscheiden sich in Bezug auf ihre Identität.

"Soul" ist eine horizontale Ansicht des Menschen mit der Welt.

"Spirit" ist der Blick des Menschen mit Gott.

Es ist wichtig zu verstehen, dass beide auf dem immateriellen Teil des Menschen, sondern nur der "Geist" bezieht sich auf eine Person, mit Gott zu gehen.

Die "Seele" bezieht sich auf einen Mann, der in der ganzen Welt, sowohl materielle als auch immaterielle.

Die Existenz Gottes ist so offensichtlich und die Schaffung und das menschliche Gewissen, nennt die Bibel Atheist "dumm" (Psalm 14: 1).

Also, sagt die Bibel nicht versuchen, die Existenz Gottes zu beweisen, sondern dass ihre Existenz übernimmt von Anfang an (Genesis 1: 1).

Was sagt die Bibel zu offenbaren das Wesen, den Charakter und Werk Gottes.

Wenn wir über das Gesetz Gottes denken, ist wichtig, weil es eine falsche Vorstellung von Gott ist Götzendienst.

In Psalm 50:21, tadelt Gott böse. Erstens ist die gute knappe Definition von Gott "das höchste Wesen, der Schöpfer und Herr von allem, was existiert, ist ein selbst wird es, perfekt an der Macht, Weisheit und Güte.

Wir wissen, einige Dinge über Gott Ist wahr, weil, nach seiner Barmherzigkeit.

Er zeigte uns einige ihrer Eigenschaften.

Gott ist Geist, seine immateriellen Natur (Joh 4,24).

Gott ist einer, aber es in drei Personen existiert: Gott der Vater,

Gott der Sohn und Gott dem Heiligen Geist (Matthäus 3: 16-17).

Gott ist unendlich (1. Timotheus 1,17), gleich (2 Samuel 7.22) und ändert sich nicht (Maleachi 3: 6).

Gott existiert überall (Psalm 139: 7-12), weiß alles (Matthäus 11.21), und hat volle Macht und Autorität (Epheser 1; Offenbarung 19: 6).

Folgen Sie einige der Qualitäten und Eigenschaften Gottes wie in der Bibel offenbart: Gott ist gerecht (Apg 17.31), Liebe (Epheser 2: 4-5), Wahrheit (Johannes 14: 6) und Welt (1 Joh 1, 5).

Gott zeigt Mitgefühl (2. Korinther 1: 3), (Römer 9,15), Barmherzigkeit und Gnade (Römer 5,17).

Gott richtet sin (Psalm 5: 5), sondern bietet auch die Vergebung (Psalm 130: 4).

Wir können Gott nicht verstehen, aus seinen Werken, wie Gott fließt führt es.

Es ist Gott, der das Privileg, in der Gegenwart zu leben hat, weil es nur für ihn.

Wir leben immer noch in der Vergangenheit, weil wir eine Verzögerung der Wahrnehmung, wie wir sie verstehen, bevor er ein paar Mikrosekunden.

Hier ist eine Zusammenfassung des Werkes Gottes in der Vergangenheit, Gegenwart und Zukunft der Liste: Gott die Welt geschaffen (Genesis 1: 1, Jesaja 42: 5) er die Welt unterstützt aktiv (Kolosser 1,17);

Er führt seine ewigen Plan (Epheser 1,11), die die Erlösung des Menschen von dem Fluch der Sünde und des Todes (Galater 3: 13-14) ist, zieht er die Menschen zu Christus (Joh 6,44);

Er hebt seine Kinder (Hebräer 12: 6), und er wird die Welt (: 11-15 Offenbarung 20) zu beurteilen.

In der Person des menschgewordenen Sohn Gottes (Johannes 1,14).

Der Sohn Gottes wurde den Sohn des Menschen, und deshalb ist es eine "Brücke" zwischen Gott und Mensch (Johannes 14: 6, 1 Timotheus 2: 5).

Es ist nur durch den Sohn, dass wir Vergebung der Sünden haben (Epheser 1: 7), die Versöhnung mit Gott (Johannes 15.15, Römer 5,10), und das ewige Heil (2. Timotheus 2,10).

In Jesus Christus "wohnt die ganze Fülle der Gottheit leibhaftig" (Kolosser 2: 9).

Also wirklich, wer Gott ist, ist alles was Sie tun müssen, sehen Sie Jesus und folgen seinen Charakter immer noch auf Gottes Zeit (kairos)

Kairos ist eine altgriechische Wort für entweder "rechts", "richtigen Zeitpunkt", "größer".

In der Mythologie ist Kairos der Sohn des Kronos. Die alten Griechen hatten zwei Worte für das moderne Konzept der "Zeit". Chronos und Kairos ...

Die Welt-Prozess nicht in jedem Ort entschieden, nicht aufgeregt, und Männer können in das Land der Hüter der Straße noch nicht, ob die Erlösung oder Verdammnis entschieden.

Der Unterschied zwischen der Vergangenheit, Gegenwart und Zukunft ist nur eine Illusion schwierig.

Zögern Sie nicht, alles zu glauben nicht, nur weil Sie gehört haben.

Ich etwas nicht, nur weil alle anderen sagen glauben.

Ich glaube nicht an etwas, nur weil es in Ihrer religiösen Bücher geschrieben glauben. Tun Sie etwas, nur weil deine Lehrer sagen, wahr ist glaube nicht.

Zögern Sie nicht, Traditionen glauben nicht, weil sie von Generation zu Generation weitergegeben worden.

Nun, nach viel Analyse und Kommentar, wenn Sie etwas sehen, was mit der Vernunft übereinstimmt, und das führt zu guten und Nutzen aller, akzeptiere es und leben.

Arbeiten fleißig etwas niedriger Aktivität.

Parallelstelle normalen Vers 1 Timothy 6.12: \ "den guten Kampf des Glaubens ... \" in beiden Fällen ist es eine ernste Angelegenheit, oder Kampf, als Athlet an sportlichen Aktivitäten teilnehmen

Sport Analogie gibt ein klares Bild von:. Gute Athleten müssen kräftig arbeiten, um den Anforderungen ihres Sports zu erfüllen in der gleichen Weise, ein Christ gewidmet Paul Appell muß Zustand geistig erfüllen: \ "Übungen, die Sie persönlich zieren \" (1 Tim 4,7)

Paulus benutzt oft das Verhältnis von den Anstrengungen der Sportler und den Boden der Christen zu zeigen, dass das Leben wieder gläubig geboren ist nicht beabsichtigt, passiv zu sein.

Spirituelle Vorbereitung erforderlich, die viele der Qualitäten umfasst demonstriert überlegene Athlet:

M arljivost, Disziplin, Engagement, Lernbereitschaft, und so weiter. ..

Die Worte Salomos

Es gibt ein Recht für alle Zeit. Es ist eine Zeit für alles unter dem Himmel ... Zeit, geboren zu werden und eine Zeit zu sterben ... eine Zeit zu pflanzen und eine Zeit zu ernten, was wir säen ... es ist Zeit zu Zeit, um Wunden zu heilen kämpfen. Die Jury und zu erholen ... eine Zeit zu trauern und eine Zeit zum Lachen. eine Zeit, um zu trauern und einen Freudentanz.
Es ist Zeit, Steine und eine Zeit, um zu sammeln streuen.

Eine Zeit, zu umarmen und eine Zeit zu unterlassen ... Es ist Zeit zu suchen und trotzdem verlieren ... eine Zeit für die Lagerung und den Vertrieb ... Eine Zeit, abzureißen und zu nähen. Es ist Zeit zum Schweigen und eine Zeit zum Reden zu halten., Eine Zeit zu lieben und eine Zeit zu hassen ... es ist Zeit für den Krieg und die Zeit für den Frieden.

Gott inspiriert die kluge und wohlhabenden König, mit tollen Tipps für Sie, um in allen Bereichen Ihres Lebens fortschreiten.

Nichts war tabu in diesem unglaublichen Buch der Bibel.

Kommentieren ist praktisch, Kraft und geistigen Einfluß.

"Dans Le silence et la   solitude   in n'entend zzgl L'Essentiel ".

Informationen und Veröffentlichungen

Twitter: Autor_Wladimir